AF227293

LA DÉFENSE NATIONALE

EN FRANCE.

Imprimerie de Heintzé frères à Luxembourg.

LA

DÉFENSE NATIONALE

EN FRANCE

ET

LES PRINCES D'ORLÉANS.

BRUXELLES
Librairie universelle de J. ROZEZ
Rue de la Madeleine 87.

LUXEMBOURG
Librairie de HEINTZÉ FRÈRES.

1871

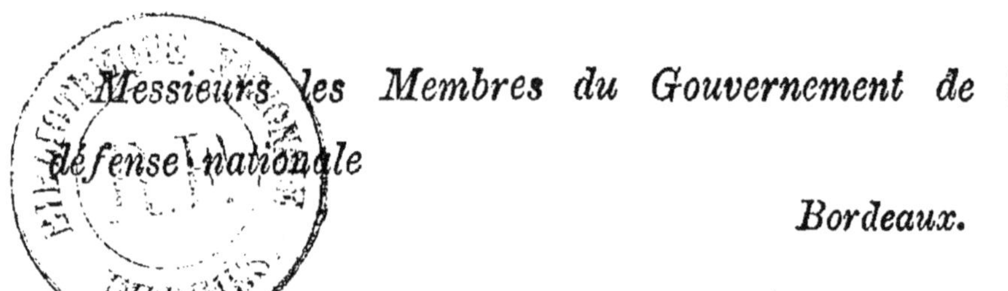

Messieurs les Membres du Gouvernement de la défense nationale

Bordeaux.

Mᴇssɪᴇᴜʀs,

Au moment où dans un effort gigantesque, la France toute entière se lève enfin contre l'étranger et oppose à son flot envahisseur une digue formée par les poi-trines de tous ses enfants ; au moment où vous acceptez la lourde mission de concentrer toutes les forces vives de la nation et de les diriger, il doit être permis à tout Français de vous demander si vous remplissez votre mandat dans toute sa grande étendue, et si, en votre âme et conscience *de Français,* vous pouvez affirmer que rien par vous n'est négligé ou écarté de ce qui peut concourir au salut du pays.

C'est avec une sincère et profonde admiration que nous constatons votre dévouement et que nous voyons sous votre impulsion, la France tenant en main le drapeau de la république arboré sous la mitraille, reconquérir en défendant son sol, l'estime et l'affection du monde, que le régime précédent avait su compromettre. Mais à nos sentiments de reconnaissance se mêle une impression de légitime étonnement, quand nous voyons éloignés de ce drapeau, qui en face du danger est avant tout celui de la Patrie, des compatriotes qui ne demandent que le servir en soldats.

La France n'est plus qu'un vaste champ de bataille où se confondent dans le sentiment de la defense du territoire les fils du Peuple et les fils de nos plus vieilles familles. — Vous l'avez dit vous-mêmes, *il n'y a plus place pour aucun parti* et mettant vos actes en contradiction avec vos paroles, vous seuls, Messieurs, refusez en ce moment terrible et decisif l'accès de ce champ de bataille à des hommes qui ne veulent être que combattants français et que par votre refus, vous maintenez à l'etat de Prétendants.

Je veux parler des d'Orleans qui après s'être simplement offerts à titre de defenseurs, pleurent à l'étranger à deux pas de leur pays, quand ils ont tout fait depuis vingt-deux ans pour meriter l'estime de leurs compatriotes et l'honneur de combattre à leurs côtés.

A quelque point de vue que vous vous placiez, vous faites une faute en maintenant l'effet de décrets de proscription injustes et surannés, et vous vous préparez peut-être un reproche qui fera tâche à l'administration que nous vous témoignons du fond du cœur, celui bien grave, d'avoir en cédant à une arrière-pensée de crainte gratuite et irraisonnée, placé l'intérêt républicain au-dessus de l'intérêt français, et cela, dans un moment où vous le sentez comme nous, la France a besoin de toutes ses intelligences et de tous ses bras.

Pourquoi refusez-vous le concours des d'Orléans et que pouvez-vous redouter de leur présence?

Peut-elle provoquer une lutte intestine et criminelle devant l'étranger? Non! les croyez-vous capables de tenter un coup d'état qui les déshonorerait à jamais? Non, cent fois non!!

Ne sentez vous pas que le passé des d'Orléans est garant de leurs intentions présentes et que, l'eussent-ils dévouée *toute entière* ils ne se serviront jamais d'une armée contre leur pays?

Rappelez-vous, Messieurs, ce qui s'est passé en février 1848, alors que sans la présence de l'ennemi en France la révolution n'avait pas fait un chemin tel qu'on ne pût l'arrêter! le maréchal Bugeaud entre dans le cabinet du roi. „Sire, carte blanche, et ce soir la couronne de Votre Majesté est plus solide que jamais sur votre tête.“

„Combien faut-il sacrifier d'hommes“, répond Louis-Philippe, plaçant la question d'humanité au-dessus de la question dynastique. „Dix mille... peut-être moins“, fait le maréchal. —· Le roi avait une plume à la main, sans hésitation il la repose sur la table et prononce ces simples paroles que l'histoire jugera. „Ma couronne ne vaut pas tant de sang ! *je mourrai dans la légalité.*"

La révolution était accomplie, la république proclamée — deux fils du roi, le duc d'Aumale et le prince de Joinville étaient en Afrique. Ils tenaient dans leurs mains une vaillante armée qui ne demandait qu'à les suivre, ils pouvaient, dans le premier moment de stupeur qui suivait la chute *à Paris* d'un gouvernement libéral, débarquer en France, rallier la Province et venir *rétablir l'ordre* comme on disait naguères.

Au nom du gouvernement provisoire, Arago adressa aux Princes une lettre sincère et tout le monde a connu la réponse — sur l'heure, dans un ordre du jour touchant, ils disent adieu à l'armée et ils s'éloignent en saluant de leur épée, avant de la rentrer au fourreau, *le drapeau de la République* qui pour eux représentait *le drapeau de la France.* — Ils étaient habitués à le servir et à le respecter, ils auraient rougi de le traîner dans une guerre civile.

Depuis cette séparation d'avec leur pays, que font-ils ? Respectant la République d'abord et ensuite l'Empire sanctionné par le suffrage universel, ils vivent loin de toute agitation politique, évitant jusqu'à l'ombre d'une démarche qui pût inquiéter l'ordre de choses établi en France, ils suivent de loin les effets du régime impérial, ils envoient leurs souhaits et leurs applaudissements à notre armée de Crimée, et ils élèvent leurs enfants dans la vénération et l'amour de la France, ils en font des écrivains et des soldats, des citoyens français. — Ils les envoient combattre en Italie près du drapeau tricolore, et ils les sèment sur tous les points du globe ou se débattait une grande question de civilisation.

En Italie, en Amérique, au Maroc, aux Philippines, au Paraguay, on a vu les fils de ceux qui étaient aux Portes de fer, à Tanger, à St-Jean d'Ulloa, à Constantine, dans toutes les gorges d Afrique, et il est bien étrange, Messieurs, que le seul champ de bataille dont l'accès soit interdit à ces hommes et à ces enfants, soit celui de leur patrie, et que la seule armée qui ne leur ouvre pas ses rangs soit l'armée française, quand elle est groupée autour d'un drapeau menacé et portant ces trois mots: „Liberté, égalité, fraternité!"

Mais continuons...

Il y a quelques années, dans une séance du Sénat, le prince Napoléon, affolé d'orgueil, insultait sans provocation la famille d'Orléans. — Le duc d'Aumale, qui de la même main sait, comme tous les siens d'ailleurs, tenir une plume et une épée, a d'abord frappé au fourreau de l'épée de l'insulteur, mais comme, chez les Bonaparte, une épée ne brille que pour se rendre, force a été au duc d'Aumale de prendre sa plume, et dans un écrit imprimé à Saint-Germain, il a défendu sa cause gratuitement attaquée, puis prévoyant ou pressentant l'avenir en diplomate honnête et consommé, il terminait sa défense par ces mots trop célèbres aujourd'hui:

„Qu'avez-vous fait de la France?"

En 1867, après Sadowa, alors que par une politique funeste ou plutôt par la négation de toute politique, par l'absence de toute ligne de conduite, l'Empire venait de créer à notre porte une formidable Puissance, le duc d'Aumale effrayé pour son pays publiait en Belgique un travail qui aurait dû être médité en France et qui hélas est aujourd'hui une prophétie. —

Pendant que le pays indifférent ou endormi en masse se laissait faire, un de ses enfants que vous repoussez aujourd'hui, veillait avec vous, Messieurs, et *mêlant sa voix à la vôtre*, montrait l'abîme vers lequel on entraînait la France et le gouffre creusé devant elle.

Voilà jusqu'en 1870 l'attitude des d'Orléans.

Depuis, qu'ont-ils fait pour justifier l'exclusion dont ils sont encore l'objet ?

Quand l'Empire a fait semblant d'inaugurer un régime libéral, ils ont au grand jour demandé au Corps législatif qu'il leur rendit l'accès de la patrie, leurs droits de citoyens français, rien de plus. —

Avant l'examen de leur requête, un ministre de l'Empereur, sommé de le faire, a déclaré que dans les archives il n'existait aucune trace de menées Orléanistes, et l'un de vous, Messieurs, qui depuis vingt ans luttait avec une énergie qui n'avait d'égale que son talent, contre les effets d'un régime insensé, a trouvé de nobles paroles pour plaider la cause des exilés au nom du droit commun.

La Chambre a rejeté la requête des d'Orléans — résultat prévu par tout le monde excepté peut-être par ceux qui l'avaient signée.

Quand cette guerre fatale a été follement déclarée aux acclamations enthousiastes d'une majorité docilement égarée, les d'Orléans ont envoyé leurs vœux à nos soldats, leur offrande aux blessés, attendant, anxieux comme tous ceux qui connaissaient l'Allemagne, le résultat d'une lutte *inégale* dans les conditions où elle était engagée.

Mais quand en huit jours, Mac Mahon était écrasé, Frossard refoulé, quand pendant ces horribles désastres, le commandant en chef des armées françaises, l'Empereur, restait enfermé à la Préfecture de Metz, entendant le canon et la fusillade aux portes de la ville, étirant sa moustache et secouant sur la carte de la France envahie la cendre de ses cigarettes, alors les d'Orléans reprennent leurs armes et demandent, non pas une place au trône chancelant, mais, ceux qui pensaient y avoir droit, *leurs places* à la tête de leurs divisions d'autrefois, et les autres le titre de volontaires.

Leur demande est encore rejetée !!

Quand plus tard, Napoléon III, qui devait être le gardien de l'honneur français, eut déposé son épée à Sedan, quand l'Impératrice Régente eut déserté son mandat, quand *sur un champ de bataille* et *à Paris,* les Bonàpartes eurent fait banqueroute, quand enfin la République eût été proclamée, alors les d'Orléans n'ont plus écrit.

Forts de leurs titres, de leurs droits de Français, sachant que vous appeliez *tout le monde* aux armes ils viennent à Paris, et là, le cœur gros de souvenirs et gonflé de douleur à la vue de la patrie meurtrie, ils vont de la gare droit à vous, Messieurs, et se mettent sans conditions à la disposition du pays en danger.

Vous étiez sans doute aussi émus qu'eux devant ce patriotique élan, et cependant vous refusez toujours un concours si simplement apporté, et sur le mot de *complications intérieures possibles,* les d'Orléans, sans prendre le temps de serrer une seule main amie, sans laisser à leur présence le temps de s'ébruiter, retournent en Angleterre, et jettent un regard mouillé sur leurs épées d'Afrique, restant fidèles à leurs principes et à leur devise de l'exil „j'attendrai".

Et ils attendent!

Rien dans le passé ne justifie votre résolution de les tenir à l'écart, j'en appelle à vous mêmes, Messieurs, et craignez que dans un avenir prochain, cette résolution dont vous osez porter la responsabilité en même temps que le lourd fardeau de la défense nationale, ne vous soit justement reprochée.

Que pourrez vous invoquer pour vous couvrir? Les d'Orléans ont eu en main une armée qu'ils pouvaient utiliser au profit de leur dynastie, l'idée ne leur en est pas venue. — Pensez vous donc alors que l'armée dont ils ne demandent qu'à faire partie, est aujourd'hui une armée nationale *dans sa formation et dans son essence*, qu'ils pourraient s'en servir contre la République ? Non, car cette pensée serait de votre part un outrage à cette armée qui se bat, et aux d'Orléans qui veulent se battre dans ses rangs.

En les appelant, vous affirmez la grandeur du principe républicain, loin d'en affaiblir la puissance, et en tirant leur épée sur notre champ de bataille devant l'ennemi, les d'Orléans s'engagent à servir leur pays en soldats, et à attendre après la victoire les décisions quelles qu'elles soient de la France délivrée, pour s'incliner devant elles. Êtes-vous sûrs que dans ces moments inouïs dans l'histoire d'un peuple, la France n'a pas le désir de voir s'associer à sa défense ceux *que vous prenez sur vous* d'en tenir éloignés?

Un simple fait, Messieurs, que j'affirme. J'étais à Metz pendant ce sinistre blocus, terminé par une obscure capitulation. — .... Un jour c'était après Sedan.......... On fait courir le bruit que les d'Orléans sont sous Paris et commandent leurs divisions ou des régiments....... Les ambulances regorgeaient de blessés qui s'informaient de la situation. Nous leur disons cette prétendue nouvelle ; en un instant elle était passée à l'état de fait accompli, et parmi tous ces hommes de vingt-cinq ans qui, ne faisant pas de politique, s'inquiétaient des conditions de la lutte, il courait un frisson d'espoir et de joie. „Ce sont des bons ceux-là“, disaient-ils, „ils conduiront bien les camarades et ils ne capituleront pas“.

D'où venait ce sentiment, et qui vous dit Messieurs, qu'il n'est pas général pour être latent, et que les d'Orléans ne seraient pas accueillis par les fraternelles acclamations de ceux qui en armes, ne songent qu'à sauver le pays *d'abord*, quitte à faire de la politique *après* !

Il est saisissant de voir que deux classes de Français sont seules à cette heure, empêchées de contribuer à l'effort commun, les galériens et les princes.

Derrière ou devant ces fortifications de Paris que vous a léguées le gouvernement de juillet, à l'un des secteurs au moins, ne devrait-il pas se trouver un fils de celui qui les a construites ? Dans chacune de ces villes menacées aujourd'hui, ne devrait-on pas voir un de ces hommes qui portent leur nom, et qui, Français, sont condamnés à ne pas les défendre, parce qu'ils sont princes ! ?

Comment, depuis 30 ans, les d'Orléans ont étudié la guerre, ils connaissent l'organisation, la tactique des armées allemandes, ils ont les qualités de nos plus brillants généraux, les allures de nos plus hardis capitaines, ils ont tous été éprouvés au feu, et vous repoussez l'apport de leur expérience, le concours de leur bravoure, l'offre de leur sang, parce qu'ils portent un nom séculaire qui, sans danger pour *le pays* serait même, vous le sentez, un élément de terreur *pour l'ennemi*!

Vous n'avez pas le droit, Messieurs, d'écarter aucun moyen de lutter et de vaincre, et pendant qu'il en est temps encore :

Au nom des trois mots magnifiques écrits sur notre drapeau et bénis par les balles, au nom de la Liberté qu'ont tous les Français de défendre le pays, au nom de l'Égalité devant l'étranger, au nom de la Fraternité sur un champ de bataille dans la lutte et dans la mort, au nom de tous les principes immuables du droit commun, au nom du mandat sacré que vous avez accepté, et que vous devez remplir *entièrement* pour le remplir *honnêtement*, au nom enfin de la patrie en danger :

Sans rapporter aucun décret de proscription, Messieurs, écrivez aux Français de Twickenham :

„Généraux d'Aumale et de Nemours, vos divisions vous attendent, amiral de Joinville, votre vaisseau est prêt", puis à ceux qui n'ont pas figuré sur les cadres de notre armée d'autrefois, ne fermez pas vos listes d'enrôlements. — Vous y trouverez dix fois le nom d'Orléans, mais vous aurez dix Français de plus à opposer aux Prussiens, et ceux-là ne déposeront pas des épées que vous n'avez pas le droit de river aux fourreaux quand l'ennemi est *chez nous au cœur de la France*!

Quand vous aurez fait cela, Messieurs, quand sans exception, Français, vous aurez appelé tous les Français au secours du pays, alors seulement vous aurez fait complètement honneur à votre mission. Sans reproches possibles dans l'avenir, quoiqu'il advienne, et à la fin de cette lutte héroïque, vous pourrez dire hautement, fièrement comme les républicains d'autrefois, en face de la France:

„Nous jurons que nous avons tout fait pour sauver la Patrie“.

FERDINAND BLONDIN
ingénieur civil à Metz.

Luxembourg, le 29 Décembre 1870.